ANDRZEJ MOSZCZYŃSKI jest autorem 23 książek, 34 wykładów oraz 3 kursów. Pasjonuje go zdobywanie wiedzy z obszaru psychologii osobowości i psychologii pozytywnej.
Ponad 700 razy wystąpił jako prelegent podczas seminariów, konferencji czy kongresów mających charakter społeczny i charytatywny.

Regularnie się dokształca i korzysta ze szkoleń takich organizacji edukacyjnych jak: Harvard Business Review, Ernst & Young, Gallup Institute, PwC.

Jego zainteresowania obejmują następujące tematy: potencjał człowieka, poczucie własnej wartości, szczęście, kluczowe cechy osobowości, w tym między innymi odwaga, wytrwałość, wnikliwość, entuzjazm, wiara w siebie, realizm. Obszar jego zainteresowań stanowią również umiejętności wspierające bycie zadowolonym człowiekiem, między innymi: uczenie się, wyznaczanie celów, planowanie, asertywność, podejmowanie decyzji, inicjatywa, priorytety. Zajmuje się też czynnikami wpływającymi na dobre relacje między ludźmi (należą do nich np. miłość, motywacja, pozytywna postawa, wewnętrzny spokój, zaufanie, mądrość).

Od ponad 30 lat jest przedsiębiorcą. W latach dziewięćdziesiątych był przez dziesięć lat prezesem spółki działającej w branży reklamowej i obejmującej zasięgiem cały kraj. Od 2005 r. do 2015 r. był prezesem spółki inwestycyjnej, która komercjalizowała biurowce, hotele, osiedla mieszkaniowe, galerie handlowe.

W latach 2009-2018 był akcjonariuszem strategicznym oraz przewodniczącym rady nadzorczej fabryki urządzeń okrętowych Expom SA. W 2014 r. utworzył w USA spółkę wydawniczą. Od 2019 r. skupia się przede wszystkim na jej rozwoju.

Inaczej o dobrym i mądrym życiu to książka o umiejętności stosowania strategii osiągania wartościowych celów. Autor opisuje 22 aspekty, które prowadzą do bycia mądrym. W jakim znaczeniu mądrym?

Mądry człowiek jest skupiony na działaniu ukierunkowanym na podnoszenie jakości życia, zarówno swojego, jak i innych. O tym jest ta książka: o byciu szczęśliwym, o poznaniu siebie, by zajmować się tym, w czym mamy największy potencjał, o rozwinięciu poczucia własnej wartości, które jest podstawowym czynnikiem utrzymywania dobrych relacji z samym sobą i innymi ludźmi, o byciu odważnym, wytrwałym, wnikliwym, entuzjastycznym, posiadającym optymalną wiarę w siebie, a także o byciu realistą.

Mądrość to umiejętność czynienia tego, co szlachetne. Z takiego podejścia rodzą się następujące czyny: nie osądzamy, jesteśmy tolerancyjni, życzliwi, pokorni, skromni, umiejący przebaczać. Mądry człowiek to osoba asertywna, wyznaczająca sobie pozytywne cele, ustalająca priorytety, planująca swoje działania, podejmująca decyzje i przyjmująca za nie odpowiedzialność. Mądrość to też zaufanie do siebie i innych, bycie zmotywowanym i posiadającym jasne wartości nadrzędne (do których najczęściej należą: miłość, szczęście, dobro, prawda, wolność).

Autor książki opisuje proces budowania mentalności bycia mądrym. Wszechobecna indoktrynacja jest przeszkodą na tej drodze. Jeśli jakaś grupa nie uczy tolerancji, przekazuje fałszywy obraz bycia zadowolonym człowiekiem, to czy można mówić o uczeniu się mądrości? Zdaniem autora potrzebujemy mądrości niemal jak powietrza czy czystej wody. W tej książce będziesz wielokrotnie zachęcany do bycia mądrym, co w rezultacie prowadzi też do bycia szczęśliwym i spełnionym.

Szczegóły dostępne na stronie:
www.andrewmoszczynski.com

Andrzej Moszczyński

Inaczej
o byciu asertywnym

2021

© Andrzej Moszczyński, 2021

Korekta oraz skład i łamanie:
Wydawnictwo Online
www.wydawnictwo-online.pl

Projekt okładki:
Mateusz Rossowiecki

Wydanie I

ISBN 978-83-65873-24-8

Wydawca:

ANDREW MOSZCZYNSKI
I N S T I T U T E

Andrew Moszczynski Institute LLC
1521 Concord Pike STE 303
Wilmington, DE 19803, USA
www.andrewmoszczynski.com

Licencja na Polskę:
Andrew Moszczynski Group sp. z o.o.
ul. Grunwaldzka 472
80-309 Gdańsk
www.andrewmoszczynskigroup.com

Licencję wyłączną na Polskę ma Andrew Moszczynski Group sp. z o.o. Objęta jest nią cała działalność wydawnicza i szkoleniowa Andrew Moszczynski Institute. Bez pisemnego zezwolenia Andrew Moszczynski Group sp. z o.o. zabrania się kopiowania i rozpowszechniania w jakiejkolwiek formie tekstów, elementów graficznych, materiałów szkoleniowych oraz autorskich pomysłów sygnowanych znakiem firmowym Andrew Moszczynski Group.

Ukochanej Żonie
Marioli

SPIS TREŚCI

Wstęp 9

Rozdział 1. Co to znaczy „być asertywnym"? 11

Rozdział 2. Pięć praw regulujących zachowania asertywne 17

Rozdział 3. Wewnętrzne blokady 21

Rozdział 4. Czynniki wspomagające zachowania asertywne 23

Rozdział 5. Przyjmowanie ocen 25

Rozdział 6. Wyrażanie krytyki 29

Rozdział 7. Wyrażanie gniewu 31

Rozdział 8. Stopniowanie reakcji 35

Rozdział 9. Odmawianie 37

Rozdział 10. Negocjacje 41

Rozdział 11. Asertywny bohater	45
Co możesz zapamiętać?	53
Bibliografia	55
O autorze	71
Opinie o książce	77
Dodatek. Cytaty, które pomagały autorowi napisać tę książkę	81

Wstęp

Gdy rozpoczynasz budowę domu, najpierw myślisz o solidnej podstawie, gruncie, na którym go stawiasz. Potem o fundamencie, wzmocnieniach, ścianach i dachu, a na końcu o pracach wykończeniowych. Tak jest również z naszą osobowością, z naszym istnieniem – gdy mamy niezbędną podstawę, możemy zająć się rozwijaniem tych cech i postaw, które sprawią, że nasze życie będzie jeszcze wspanialsze. W tym aspekcie ważne są nasze relacje z ludźmi, bo od nich w ogromnym stopniu zależy komfort naszego życia.

Właściwe i satysfakcjonujące kontakty z otoczeniem zapewni nam asertywność. Zdobycie tej umiejętności, choć nie zawsze łatwe, jest rodzajem moralnego obowiązku każdego człowieka. Dzięki asertywności życie staje się przyjemniejsze i łatwiejsze, jej brak natomiast jest źródłem większości konfliktów, przysparza niepotrzebnych kłopotów nam i ludziom wokół nas. Jak zatem być asertywnym?

Rozdział 1

Co to znaczy „być asertywnym"?

Asertywność to postawa charakteryzująca się posiadaniem i wyrażaniem własnego zdania oraz bezpośrednim wyrażaniem emocji w granicach nienaruszających praw innych osób. Takie podejście wyklucza zachowania agresywne, ponieważ osoba asertywna, choć kładzie nacisk na obronę swoich praw w kontaktach z otoczeniem, to jednak używa do tego celu jedynie akceptowanych społecznie środków wyrazu. Potrafi kontrolować własne reakcje i nie poddaje się zbyt łatwo manipulacjom i naciskom emocjonalnym innych osób.

W skład postawy asertywnej wchodzą między innymi: zdolność odmawiania bez okazywania uległości i bez ranienia uczuć innych ludzi, umiejętność przyjmowania krytyki, ocen i pochwał, elastyczność zachowania, świadomość własnych słabych i mocnych stron, wrażliwość na innych oraz stanowczość. Człowiek asertywny potrafi wyznaczać sobie cele i konsekwentnie je osiągać oraz dbać o zaspokajanie własnych pragnień.

Asertywność wiąże się z pojęciem terytorium psychologicznego. Psychologowie posługują się nim w odniesieniu do naszych myśli, uczuć, postaw, potrzeb czy nawet rzeczy materialnych, wobec których obowiązują prawa przysługujące każdej jednostce. Wiele z tych praw ustalamy w relacjach z innymi ludźmi. Jeśli sam nie zdecydujesz się na określenie swoich granic, inni je ustalą według własnego uznania i reguł, najczęściej dla Ciebie niekorzystnych.

Odróżnia się dwa rodzaje postawy asertywnej: obronną i ekspansywną. **Asertywność obronna** potrzebna jest do obrony naszego terytorium psychologicznego. Używamy jej, reagując na krytykę lub odmawiając. **Asertywność ekspansywna** jest niezbędna, gdy docieramy do terytorium psychologicznego drugiej osoby.

Używamy jej, chwaląc innych, wyrażając prośby i oczekiwania oraz krytykując.

Asertywność w żadnym wypadku nie polega na realizowaniu własnych zamierzeń kosztem innych. Odnosi się raczej do rozsądnej dbałości o swoje interesy z uwzględnieniem potrzeb otoczenia, ale bez ulegania jego negatywnym naciskom. Asertywność obok empatii jest podstawową umiejętnością wchodzącą w skład inteligencji emocjonalnej. Jest to zdolność nabyta i każdy może się jej nauczyć.

W wymiarze praktycznym asertywność odnosi się do swobodnego wyrażania emocji i potrzeb. Polega na uświadamianiu innych, jak mają Cię traktować. Oznacza korzystanie z osobistych praw bez naruszania praw innych i ranienia ich uczuć. Jest to postawa pełna szacunku dla siebie i innych ludzi. Osoba asertywna zna swoje możliwości i ograniczenia, akceptuje siebie i stara się w pełni wykorzystywać swój potencjał. Stawia sobie realistyczne cele i nie podejmuje się zadań zbyt trudnych ani takich, do których nie jest wewnętrznie przekonana. Potrafi odmówić, jeśli czegoś nie może lub nie chce zrobić. Dzięki temu oszczędza rozczarowań sobie i innym. Człowiek asertywny nie przejmuje się nadmiernie porażkami, pozwala sobie na popełnianie błędów, ale wyciąga z nich wnioski. Nie obawia się wyrażać opinii, myśli, uczuć i pragnień. Potrafi pogodzić się z krytyką i oceną, umie walczyć o swoje prawa i egzekwować ich przestrzeganie. Nie jest jednak agresywny, nie obraża innych. Wręcz przeciwnie – potrafi doskonale porozumieć się z otoczeniem i dąży do harmonijnego współistnienia z nim.

Trening asertywności powinien przejść każdy. Pomaga on pozbyć się niektórych niekorzystnych cech. Nieśmiałość, wstydliwość, nadmierna skromność, niska samoocena, skłonność do obwiniania innych, obawa przed rywalizacją, skłonność do dominacji, obawa przed popełnianiem błędów, nadmierna usłużność i uległość – tych cech zwykle w sobie nie lubimy.

Postawa asertywna przydaje się w relacjach ze współmałżonkiem – pozwala na radzenie sobie z poczuciem odrzucenia, niezrozumienia, zazdrością. Jest pomocna także w życiu zawodowym – pomaga przyjmować krytykę, radzić sobie ze współzawodnictwem czy odmawiać wykonywania zadań, których z różnych powodów nie możemy się podjąć. Asertywność będzie także nieocenionym narzędziem w relacjach z dziećmi, przyjaciółmi, urzędnikami, personelem sklepów i wszystkimi innymi osobami, które na co dzień spotykamy.

Zainteresowanych tematem asertywności odsyłam do fachowej literatury, zachęcam również do zagłębienia się w to zagadnienie od strony praktycznej. Na rynku istnieje wiele firm szkoleniowych oferujących treningi asertywności. W dalszej części książki zamieszczę przykłady zastosowania niektórych technik, które pomagają wyćwiczyć taką postawę.

Rozdział 2

Pięć praw regulujących zachowania asertywne

Znany amerykański psycholog Herbert Fensterheim sformułował pięć podstawowych praw regulujących zachowania asertywne, które według niego polegają na korzystaniu z własnych praw bez naruszania czy lekceważenia praw innych. Ich przeciwieństwem są zachowania agresywne, które budzą w innych strach i niechęć. Mimo że osoba agresywna osiąga zamierzone cele, buduje swój wizerunek jako bezwzględnego egoisty, z którym trudno jest współpracować.

Zachowanie asertywne różni się także od drugiej skrajności, czyli zbytniej uległości. Będąc asertywnymi, stanowczo bronimy swoich praw, natomiast będąc uległymi, lekceważymy własne prawa i stawiamy na piedestale potrzeby innych.

W konsekwencji osoby zbyt uległe mogą czuć się wykorzystywane, krzywdzone i nieszanowane.

W odróżnieniu postawy asertywnej od agresywnej lub zbyt łagodnej pomocne będą wspomniane prawa Fensterheima. Oto one:

- Masz prawo do robienia tego, co chcesz, dopóki nie rani to kogoś innego.
- Masz prawo do zachowania swojej godności przez asertywne zachowanie, nawet jeśli rani to kogoś innego, dopóki twoje zachowanie nie jest agresywne.
- Masz prawo do przedstawiania innym swoich próśb, dopóki uznajesz, że druga osoba ma prawo odmówić.
- Istnieją takie sytuacje między ludźmi, w których prawa nie są oczywiste. Zawsze jednak możesz przedyskutować tę sprawę z drugą osobą i wyjaśnić ją.
- Masz prawo do korzystania ze swoich praw.

W ocenie własnego zachowania pod względem asertywności najlepiej chyba sprawdza się rada Herberta Fensterheima: *Jeśli masz wątpliwości, czy dane zachowanie jest asertywne, sprawdź, czy choć odrobinę zwiększa ono twój szacunek do samego siebie. Jeśli tak, jest to zachowanie asertywne.*

Rozdział 3

Wewnętrzne blokady

Zdarza się, że prowadząc dialog wewnętrzny, używamy stwierdzeń, które blokują nasze asertywne zachowania. Do hamujących czynników należą:
- negatywne opinie na temat własnej osoby, swoich słabych stron czy ograniczeń, na przykład myślisz, że jesteś do niczego, że jesteś głupi, brzydki czy gorszy od innych;
- przywiązanie do odgórnie narzuconych norm i zasad, które objawia się myśleniem w kategoriach: „muszę", „nie powinienem", „nie wolno mi", „nie wypada";
- katastrofizm wyrażający się myślami: „na pewno mi się nie uda", „czeka mnie porażka", „wyśmieją mnie", „nikt nie zwróci na mnie uwagi";

- stawianie sobie w myślach pewnych warunków, po których spełnieniu zdecydujesz się na zachowanie asertywne – w rzeczywistości jest to tylko unik mający pomóc Ci w utrzymaniu dobrego mniemania o sobie. Użycie takiej wymówki prowadzi zazwyczaj do rezygnacji z asertywnego zachowania; myślisz na przykład tak: „upomnę się o zwrot pożyczki, ale dopiero za trzy dni", „powiem szefowi, że nie zgadzam się na nadgodziny, jak tylko upewnię się, że ma dobry humor";
- koncentrowanie się na negatywnych konsekwencjach asertywnego zachowania, co powoduje zaniechanie dalszych prób i w rezultacie rezygnację z asertywności. Takie myślenie prowadzi do następujących wniosków: „nie potrafię zachowywać się asertywnie", „to nie dla mnie", „nie ma sensu się tego uczyć, bo i tak jestem beznadziejny".

☼

Rozdział 4

Czynniki wspomagające zachowania asertywne

Aby wzmocnić motywację do podejmowania prób asertywnego zachowania, trzeba przede wszystkim zdać sobie sprawę z istnienia wymienionych w poprzednim rozdziale blokad wewnętrznych i starać się je zwalczać. W tych zmaganiach będą pomocne proasertywne postawy i odpowiadające im zdania-afirmacje, które przytaczam poniżej:

- koncentracja na pozytywnych doświadczeniach wyrażona myśleniem w kategoriach: „wiele spraw mi się w życiu udało", „potrafię wiele rzeczy", „dużo wiem na ten temat";
- odwołanie się do praw osobistych przysługujących każdemu człowiekowi: „mam prawo do odmowy", „mogę przeżywać i wyrażać

gniew", „mam prawo nie zgadzać się z opiniami innych", „zasługuję na szacunek";
- odwołanie się do swoich pozytywnych właściwości: „jestem wartościowym człowiekiem", „mam wiele zalet i silnych stron";
- odwołanie się do osobistych wartości:" godność osobista jest dla mnie ważną wartością", „szczęście moje i mojej rodziny jest dla mnie wartością nadrzędną".

Powtarzanie w myślach tych zdań uzupełnionych o treści, które pasują do Ciebie, powinno pomóc Ci w wytrwaniu na drodze do asertywnej postawy.

Rozdział 5

Przyjmowanie ocen

Na krytykę zazwyczaj reagujemy nieskutecznie. Uciekamy się do kontrargumentów lub usprawiedliwiania się, albo atakujemy osobę oceniającą nas. Wielu ludzi źle znosi komplementy. Zaprzecza pochwale, przeformułowuje ją tak, by zrzucić z siebie odpowiedzialność za sukces albo deprecjonuje swoje osiągnięcie.

Jak zatem przyjmować zewnętrzne oceny w sposób konstruktywny? Poniżej zamieszczam przykłady asertywnych odpowiedzi na krytykę wyrażaną w różny sposób. Zapoznaj się z nimi i spróbuj wymyślić własne ich wersje w zależności od rodzaju ocen, z jakimi spotykasz się na co dzień.

Jeśli ktoś stosuje krytykę uogólnioną opierającą się o słowa „zawsze" i „nigdy", asertywna odpowiedź powinna skupiać się na faktach. Na przykład:

A: Ty się zawsze spóźniasz.

B: To prawda, że spóźniłem się do pracy dziś i wczoraj, ale zazwyczaj przychodzę o czasie lub nawet wcześniej.

Jeśli ktoś krytykuje Twoją osobę jako całość, choć sprawa dotyczy tylko jednego konkretnego zachowania, powinieneś stanowczo zaprotestować. Na przykład:

A: Jak mogłeś zapomnieć o naszej rocznicy ślubu? Jesteś nieczułym głupcem.

B: Rzeczywiście, przykro mi, że zapomniałem o tak ważnej dla nas obojga dacie. Postaram się wynagrodzić nam ten błąd, jednak proszę nie nazywaj mnie w ten sposób.

Czasem zdarza się usłyszeć krytykę wyrażoną w formie aluzji. W takiej sytuacji możemy od razu zdemaskować grę i wprost odnieść się do słów rozmówcy. Na przykład:

A: Nie znoszę bałaganiarzy, uważam, że ta cecha jest oznaką braku odpowiedzialności i złego wychowania.

B: *Rozumiem, że masz na myśli bałagan, który od tygodnia panuje w moim pokoju. Bardzo proszę, byś następnym razem rozmawiał ze mną otwarcie.*

Bywa i tak, że ktoś kompletnie nas zaskoczy swoją krytyką. Możemy wtedy poczuć się zakłopotani i sprowokowani do szukania usprawiedliwień lub nawet do kontrataku. Jednak znacznie lepiej będzie wyrazić wprost swoje zaskoczenie i zyskać czas niezbędny do przemyślenia tego, co się usłyszało. Powiedz na przykład: „Jestem zaskoczony tym, co mówisz, potrzebuję czasu, by to przemyśleć", „Zaskoczyłeś mnie i chciałbym się zastanowić nad tym, co powiedziałeś".

Inne przykłady asertywnych odpowiedzi na nieuzasadnioną krytykę: „Jestem innego zdania na swój temat", „Myślę o osobie inaczej", „Przykro mi, że tak uważasz, jednak ja mam inne zdanie", „Ja tak nie uważam".

W przypadku komplementów najlepszą reakcją jest uznanie pochwały i podziękowanie za nią. Kiedy ktoś prawi Ci komplementy, po prostu uśmiechnij się i podziękuj. Nawet jeśli uważasz, że jego zachwyt jest na wyrost, na pewno poprawi Ci to humor, zyska na tym Twoja samoocena i samoakceptacja. Przecież taką właśnie funkcję mają spełniać pochwały. Oczywiście warunkiem jest to, by były one szczere. Jeśli czujesz, że ktoś prawi Ci puste pochlebstwa, by Tobą manipulować, wyraź to jasno. Nie daj się wciągać w taką grę.

Rozdział 6

Wyrażanie krytyki

Asertywne wyrażanie krytyki ma wywrzeć konstruktywny wpływ na innych poprzez szczere i uczciwe wyartykułowanie opinii. Celem takiego zachowania nie jest ukaranie kogoś ani udowodnienie mu winy, lecz przekazanie informacji, którą może on wykorzystać do zmiany swojego zachowania lub do naprawy popełnionego błędu.

Według modelu asertywnego wyrażania krytyki zwanego zasadą FUO formułując krytyczną opinię, należy uwzględnić następujące elementy:

- fakty – odnoś się tylko do rzeczywistych wydarzeń, opisuj sytuacje i zachowania;
- ustosunkowanie się – wyrażaj swoją opinię i odczucia wobec przedmiotu krytyki;

- oczekiwania – sformułuj swoje oczekiwania i doprowadź do zawarcia z osobą krytykowaną umowy dotyczącej niepożądanego zachowania.

Techniką wspomagającą taką postawę jest coaching. W przypadku krytyki może on polegać na prowadzeniu rozmowy z osobą stojącą przed dylematem czy trudnym zadaniem poprzez zadawanie jedynie pytań otwartych, które mają zmotywować ją do samodzielnego znalezienia rozwiązania problemu.

Rozdział 7

Wyrażanie gniewu

Gniew może mieć różne natężenie: od niechęci, przez irytację i złość, po wściekłość i furię. Jego odczuwanie, po pierwsze, sygnalizuje, że w naszym otoczeniu dzieje się coś, czego nie akceptujemy, po drugie – dostarcza nam energii do zmiany tej niepożądanej sytuacji.

Niestety, wielu ludzi nie potrafi wyrażać gniewu w sposób asertywny. Zdarza się nam czasem wybuchać niepohamowaną złością i po fakcie wstydzić się swojego zachowania. Na przykład mówimy: „Ty głupcze, ile razy ci mówiłem żebyś tak się nie zachowywał?!". A zamiast tego mogliśmy przecież powiedzieć tak: „Jestem na ciebie wściekły. Nie życzę sobie, byś zachowywał się w moim towarzystwie w ten sposób". Drugi sposób jest o wiele bardziej asertywny.

Jeśli wypowiemy się spokojnie i stanowczo, istnieje duża szansa, że rozmówca zastanowi się nad sensem naszych słów i weźmie je sobie do serca. W przypadku pierwszego sposobu wypowiedzi najprawdopodobniej cała sytuacja zakończy się awanturą, z której obie strony wyjdą przegrane i z urażoną dumą.

Inne przykłady asertywnego wyrażania gniewu: „Nie podoba mi się twoje zachowanie", „Nie lubię, gdy mówisz do mnie w ten sposób", „Irytuje mnie, gdy to robisz", „Jestem wściekły na ciebie i z trudem panuję nad sobą", „Nie życzę sobie, byś nazywał mnie w ten sposób", Nie pozwalam ci na takie traktowanie mojej osoby", „Denerwuje mnie sposób, w jaki się do mnie zwracasz", „Złości mnie to, że nie dajesz mi dojść do słowa".

Dobrym sposobem na zahamowanie wybuchu gniewu jest odczekanie kilku sekund przed odezwaniem się lub danie sobie jeszcze dłuższego czasu na to, by emocje opadły. Jeśli czujemy, że atmosfera robi się zbyt gorąca, możemy stanowczo zaproponować przerwę w dyskusji i powrócić do niej po jakimś czasie, gdy wszyscy uczestnicy nabiorą dystansu do spornej kwestii.

Rozdział 8

Stopniowanie reakcji

Zdarza się, że ktoś w naszej obecności zachowuje się w sposób, którego nie możemy i nie chcemy tolerować. Wtedy przydaje się zasada stopniowania reakcji. Krok po kroku określa ona asertywny scenariusz reagowania na czyjeś zachowanie, które nam nie odpowiada. Reakcja taka rozkłada się na cztery etapy:

1. Jeśli zachowanie jakiejś osoby przeszkadza Ci, drażni Cię lub złości, zwróć jej uwagę i poproś, by zachowała się inaczej.
2. Jeśli to nie poskutkuje, daj wyraz swojemu rozdrażnieniu po raz drugi, tym razem stanowczo żądając zmiany zachowania.
3. Gdy i to nie odnosi skutku, poinformuj, co zamierzasz uczynić, jeśli ten ktoś nie zmieni swojego zachowania (pamiętaj, by była to

realna możliwość, do której możesz się uciec, a nie czcza pogróżka).
4. Wobec nieskuteczności dotychczasowych sposobów jesteśmy zmuszeni skorzystać z sankcji, którą zapowiadaliśmy.

Ważne jest, by na każdym etapie zachować spokój i traktować rozmówcę z szacunkiem. Nie możemy nikogo obrażać ani nikomu grozić. Przykładem sankcji, do których możesz się odwołać, aby wyegzekwować przestrzeganie swoich praw, jest zgłoszenie sprawy nauczycielowi, przełożonemu, ochronie obiektu lub stróżom prawa. Najważniejsze, by była to realna możliwość, a nie zapowiedzi bez pokrycia, których nie będziesz w stanie wypełnić.

Rozdział 9

Odmawianie

Wielu z nas ma poważne kłopoty z odmawianiem. Ile to razy spędziliśmy w pracy dodatkowe godziny lub siedzieliśmy na nudnym przyjęciu, mimo że planowaliśmy wykorzystać ten czas zupełnie inaczej. Najczęściej nie odmawiamy, ponieważ boimy się kogoś urazić lub sprawić mu przykrość. Niestety, płacimy za to wysoką cenę, marnotrawiąc swój czas na czynności, które nie przynoszą nam satysfakcji i w efekcie mamy pretensje do samych siebie, że daliśmy się na to namówić. Warto zatem nauczyć się odmawiać. Asertywna odmowa to stwierdzenie stanowcze, uczciwe i bezpośrednie. Powinno zawierać w sobie słowo „nie" oraz jasną informację o tym, jak zamierzasz postąpić. Skuteczna odmowa powinna zniechęcać rozmówcę do dalszego nalegania. Nie jest natomiast wskazane, by zawierała pretensje czy usprawiedliwienia. Możesz wyrażać się w taki sposób, by było jasne, że jest to Twoja ostateczna decyzja. Jeśli chcesz podać jakieś argumenty na poparcie odmowy, lepiej odwołaj się do osobistych preferencji („wolę", „chcę", „mam zamiar", „postanowiłem") niż do zewnętrznych czynników („muszę", „powinienem", „nie mogę", „nie wolno mi"), bo inaczej pozostawiasz rozmówcy pole do dalszej dyskusji.

Poniżej zamieszczam przykładowe odpowiedzi, których można udzielić, gdy ktoś poprosi o coś, czego nie chcemy lub nie możemy zrobić, a jednocześnie nie chcemy go urazić odmową. Przećwicz je i zastosuj jedną z nich przy najbliższej okazji. Obiecaj sobie, że już nigdy nie zgodzisz się na coś wbrew sobie i swojemu dobru.

– „Chciałbym to zrobić, ale w tej chwili mam dużo innych obowiązków i niestety nie mam czasu, by zająć się twoją prośbą".
– „Miło mi, że mnie doceniasz i prosisz o to

właśnie mnie, ale jestem niestety obecnie zbyt zajęty, by ci pomóc".
- „Przykro mi, że masz problem, niestety, nie będę mógł pomóc ci w tym tygodniu".
- „To bardzo ciekawa propozycja, muszę jednak odmówić, ponieważ zdecydowałem się już na inne rozwiązanie".
- „Przykro mi, ale nie będę na najbliższym spotkaniu, mam już inne plany na ten wieczór".
- „Przykro mi, ale nie dam panu pieniędzy, ponieważ nie wierzę, że kupi pan za nie jedzenie dla dzieci".
- „Dziękuję, ale zdecydowanie nie jestem zainteresowany państwa ofertą".
- „Nie, dziękuję, postanowiłem, że nie będę pił alkoholu przed południem".

Wiesz już, jak powinieneś formułować odmowę. Warto, byś zapoznał się także z **zasadami negocjacji** – asertywność jest podstawą ich skuteczności. Jednak nie powinna być ona mylona z manipulacją ani agresywnym dążeniem do załatwiania własnych interesów kosztem innych. W następnym rozdziale zaprezentuję bliskie mi podejście do negocjacji, którego naczelną zasadą jest przekonanie, że wszystkie strony powinny czuć, że wygrały i po zakończeniu rozmów nadal się nawzajem szanować.

Rozdział 10

Negocjacje

Poznanie teorii negocjacji uważam za niezbędne, ponieważ wbrew powszechnemu mniemaniu mają one miejsce nie tylko w świecie biznesu, lecz także w codziennym życiu każdego z nas. Negocjujemy ze współmałżonkami, dziećmi, współpracownikami, szefami, z obsługą sklepu. Skupmy się na tych treściach, które pozwolą nam skuteczniej realizować osobiste cele i wzmacniać relacje z otoczeniem.

Negocjacje to dwustronny proces komunikowania się, którego celem jest osiągnięcie porozumienia, gdy przynajmniej jedna strona nie zgadza się z jakąś opinią lub sposobem wyjścia z sytuacji. Każde pragnienie lub potrzeba może stanowić okazję do rozpoczęcia procesu negocjacji. Jest nią także każda wymiana poglądów, narada na jakiś temat czy rozmowa o planach. Powinniśmy zrozumieć, że negocjacje nie są grą ani wojną. Nie wygrywa ten, kto przechytrzy przeciwnika. Celem negocjacji jest ustalenie wspólnego stanowiska, które uwzględni i do pewnego stopnia zaspokoi potrzeby wszystkich zainteresowanych stron. Negocjacje są udane, jeśli przebiegają w atmosferze wzajemnego poszanowania i współpracy, a każdy wychodzi z nich wygrany.

Przygotowanie do negocjacji wymaga przede wszystkim posiadania wiedzy o samym sobie, swoich pragnieniach, potrzebach, silnych i słabych stronach. Jeśli na przykład wiesz, że masz skłonność do podejmowania decyzji pod wpływem emocji, powinieneś wziąć to pod uwagę i kontrolować się w czasie rozmowy. Natomiast jeśli jesteś opanowany, z powodzeniem możesz wykorzystać tę zaletę jako swój atut. Przeanalizuj także osobowość i pragnienia osób, z którymi przyjdzie Ci negocjować. Im więcej będziesz o nich wiedział, tym łatwiej Ci będzie porozumieć się z nimi i przekonać ich do Twojego stanowiska. Kolejnym krokiem jest gruntowna analiza i ocena sytuacji. Warto temu zagadnieniu poświęcić sporo czasu, bo właśnie ta wiedza i oparte na niej odpowiednie argumenty mogą przekonać drugą stronę. Zdefiniuj jasno i precyzyjnie problem oraz zaprojektuj kilka jego rozwiązań, wskazując przy tym ich korzyści dla wszystkich zainteresowanych. Zastanów się też, jaki konkretnie cel chcesz osiągnąć, a także z czego możesz, a z czego nie chcesz rezygnować na rzecz porozumienia. Tak przygotowany możesz rozpocząć negocjacje.

Jednak nawet jeśli pilnie odrobiliśmy lekcje z asertywności, może się zdarzyć, że podczas rozmów napotkamy rozmaite problemy. Mogą one wynikać z różnej interpretacji faktów przez każdą ze stron. Wtedy trzeba zrobić krok w tył i wspólnie z partnerem zdefiniować problem, ustalić wszystkie znane fakty.

Negocjując, warto zachować trzeźwą ocenę sytuacji, nie kierować się emocjami, wyrażać się jasno i precyzyjnie, aktywnie słuchać partnera. Nieocenionym narzędziem jest zadawanie pytań. Jest to najprostszy sposób na poznanie czyjegoś stanowiska, potrzeb i celów, a także uświadomienie innym pewnych oczywistych faktów – w tym przypadku używamy pytań retorycznych, by skłonić odbiorcę do przemyśleń na określony temat lub podkreślić wagę problemu. Stosuje się także pytania wskazujące, sugerujące odpowiedź lub pytania o punkt widzenia. Inna pomocna metoda to parafrazowanie wypowiedzi drugiej strony oraz używanie wypowiedzi świadczących o tym, że rozumiemy stanowisko rozmówcy. Warto unikać inicjowania i angażowania się w osobiste słowne potyczki oraz manipulowania innymi w złej wierze. Takie zachowania są po prostu nieetyczne i łamią podstawową zasadę negocjacji, czyli rozumienie ich jako procesu, z którego wszyscy wychodzą wygrani.

Rozdział 11

Asertywny bohater

Chciałbym opowiedzieć o człowieku, który swoją życiową postawę oparł na asertywności. Jest to **Mahatma Gandhi**, który walczył o niepodległość Indii, stosując przemyślaną strategię zakładającą dbałość o interesy własnego narodu bez łamania praw innych nacji. Jedną z metod, jakie stosował, był bierny opór. Z założenia nie chciał krzywdzić otoczenia, a jedynie wywierać nacisk, który miał pomóc w osiągnąć cel.

Gandhi pragnął Indii zjednoczonych i całkowicie wolnych. Chciał, by hinduiści i muzułmanie odnosili się do siebie z szacunkiem i przyjaźnią. Dążył do tego, by każdy mógł dowolnie wyrażać swoje poglądy, czcić i wielbić własne dziedzictwo i kulturę z równoczesnym poszanowaniem odmienności innych. Pragnął, by kobiety były traktowane tak samo jak mężczyźni, by żyły z godnością, poczuciem bezpieczeństwa i czerpały korzyści z własnego rozwoju. Mahatma żądał całkowitego wyeliminowania kastowości społeczeństwa oraz takiego samego traktowania wszystkich Hindusów. Chciał, by ludzie wzajemnie sobie pomagali (szczególnie, żeby bogaci wspierali biednych) i szanowali się nawzajem. Gandhi walczył i prowadził miliony Hindusów z wizją wolności osobistej i prawdziwego szacunku dla religii i życia w harmonii. Był twórcą koncepcji biernego oporu i spopularyzował zasadę niestosowania przemocy (ahinsa), która ma długą historię w religii hinduskiej czy buddyjskiej.

Głównym celem życia Gandhiego było poszukiwanie prawdy. Próbował osiągnąć ten cel przez uczenie się na własnych błędach i eksperymentowanie na samym sobie. Przekonał się jednak, że ujawnianie prawdy nie jest powszechną praktyką, ludzie unikają tego ze względu na uprzedzenia i konflikty interesów. Według Gandhiego raz odkryta prawda jest nie do zatrzymania i ma większą moc niż jakakolwiek broń masowej zagłady. Mówił, że najważniejszą bitwą, jaką ma do rozegrania, jest przezwyciężenie własnych demonów, strachów i niepewności. Twierdził, że winy nigdy nie należy szukać w innych ludziach, rządach czy wrogach, lecz w samym sobie. Problemy można rozwiązać poprzez proste „przyjrzenie się sobie w lustrze". Dla Gandhiego „bycie" nie oznaczało istnienia w sferze czasu, tak jak twierdzili greccy myśliciele, lecz było raczej istnieniem w sferze prawdy. Podsumował to zdaniem: „Bóg jest prawdą", które później zmienił na: „Prawda jest Bogiem".

W młodości Mahatma jadał mięso, jednak później stał się zdeklarowanym wegetarianinem. Eksperymentował z różnymi dietami i ostatecznie doszedł do wniosku, że wegetarianizm zaspokaja potrzeby jego organizmu, choć dopuszczał możliwość jedzenia jajek. Wielokrotnie powstrzymywał się od jedzenia, używając postu jako broni politycznej. Jeden dzień w każdym tygodniu spędzał w milczeniu. Wierzył, że powstrzymywanie się od mówienia przynosi mu wewnętrzny spokój. W wieku 37 lat postanowił nie czytać prasy, twierdząc, że opisywany w gazetach chaos panujący na świecie wprowadza zamieszanie w jego umyśle. Po powrocie z Afryki Południowej, gdzie z powodzeniem wykonywał zawód adwokata, Gandhi porzucił europejski ubiór, który kojarzył z sukcesem i bogactwem, i odtąd ubierał się z prostotą, aby skromnym strojem zdobyć zaufanie najbiedniejszych mieszkańców Indii. Opowiadał się za używaniem ubrań z tkanin własnego wyrobu i prostym stylem życia.

Mimo że Gandhi urodził się w rodzinie hinduistycznej, odnosił się z dużym szacunkiem do wszystkich religii, poznał ich dogmaty i praktyki. Pewnego razu zapytano go, czy jest hinduistą. Odpowiedział: „Tak, jestem, ale jestem także chrześcijaninem, muzułmaninem, buddystą i żydem"[1].

Gandhi studiował naturę ludzką i metody wywierania wpływu na innych. Dzięki temu potra-

---

[1] http://pl.wikipedia.org/wiki/Mohandas_Karamchand_Gandhi

fił znaleźć sposoby działania, które przynosiły pożądane rezultaty. Jednocześnie szanował prawa wszystkich innych kultur, religii, narodów i jednostek. Oprócz asertywności od Gandhiego możemy się także uczyć cierpliwości i wytrwałości w dążeniu do odkrywania prawdy i poszukiwania skutecznych środków do osiągania swoich celów.

Na koniec proponuję Ci ćwiczenie, które może okazać się pomocne w kształtowaniu postawy asertywnej. Weź kartkę i zapisz na niej kilka swoich pragnień. Na przykład:
– „Chcę mieszkać w domu z ogrodem".
– „Chcę zmienić pracę na lepiej płatną i dającą mi więcej satysfakcji".
– „Chcę spędzać więcej czasu z dziećmi".
– „Chcę częściej jeść romantyczne kolacje z żoną".
– „Chcę nauczyć się jeździć na nartach".

Bądź ze sobą szczery, nikt poza Tobą nie będzie czytał tego, co spiszesz, więc nie musisz obawiać się krytyki. Gdy już będziesz miał taką listę, zastanów się, czy udaje Ci się zaspokajać któreś z tych pragnień. Być może okaże się, że nie jest z tym najlepiej, a to oznacza, że powinieneś dokonać znaczących zmian w swoim życiu. Teraz weź kolejną kartkę i spisz na niej wszystkie swoje przyzwyczajenia i lęki, które przeszkadzają Ci w realizacji wypisanych wcześniej pragnień. Na przykład:

- „Boję się zmiany pracy i utraty tego, co już mam".
- „Nie chcę brać na siebie odpowiedzialności za dom, wolę bezpiecznie mieszkać w bloku, gdzie niczym nie muszę się zajmować osobiście".
- „Nie wierzę we własne możliwości".
- „Biorę na siebie zbyt dużo zadań i dlatego nie mam czasu dla dzieci i żony".
- „Nigdy nie wyjeżdżam na wystarczająco długi urlop, by nauczyć się jazdy na nartach, ponieważ nie chcę narazić się szefowi".

Skoro już uświadomisz sobie przeszkody, które stoją na drodze do spełnienia Twoich pragnień, podejmij decyzję o ich usunięciu. Zacznij pracować nad każdą z nich, zaplanuj szczegółowo kolejne kroki i przejdź do działania. Oczywiście niektóre z tych przeszkód można usunąć bardzo szybko, a nad innymi przyjdzie Ci pracować nawet przez kilka lat, ale nie poddawaj się, bo naprawdę warto wykonać tę pracę. Jedynie życie ze świadomością swoich prawdziwych pragnień i dążenie do ich zaspokojenia przynosi szczęście i satysfakcję. Jeśli jeszcze tego nie robisz, zacznij dbać o swoje potrzeby bez poczucia winy i chwal siebie za każda próbę zmiany nastawienia, nawet jeśli nie odniesiesz pełnego sukcesu. Pamiętaj, by często zadawać sobie pytania: „Czego pragnę?", „Co jest dla mnie dobre?".

To Ty jesteś w ogromnym stopniu odpowiedzialny za swoje życie i jeśli chcesz, by zaszły w nim jakieś zmiany, to tylko Ty sam możesz i powinieneś ich dokonać. W ten sposób zaczniesz aktywnie kształtować swoją egzystencję, tak jak to sobie wymarzyłeś.

☼

Co możesz zapamiętać ?

1. Asertywność jest podstawą organizowania relacji z otoczeniem, służy egzekwowaniu swoich praw przy jednoczesnym poszanowaniu praw innych ludzi.
2. Zachowania asertywne reguluje pięć podstawowych praw.
3 Usuń wewnętrzne blokady uniemożliwiające rozwijanie asertywnej postawy.
4. Korzystaj z czynników wspomagających zachowania asertywne.
5. Naucz się przyjmować krytykę i komplementy oraz wyrażać konstruktywne oceny.
6. Kontroluj gniew oraz inne emocje, wyrażaj je w sposób asertywny.
7. Stosuj zasadę stopniowania reakcji.
8. Naucz się odmawiać.
9. Poznaj zasady prowadzenia negocjacji.

Bibliografia

Albright M., Carr C., *Największe błędy menedżerów*, Warszawa 1997.
Allen B.D., Allen W.D., *Formuła 2+2. Skuteczny coaching*, Warszawa 2006.
Anderson Ch., *Za darmo: przyszłość najbardziej radykalnej z cen*, Kraków 2011.
Anthony R., *Pełna wiara w siebie*, Warszawa 2005.
Ariely D., *Zalety irracjonalności. Korzyści z postępowania wbrew logice w domu i pracy*, Wrocław 2010.
Bates W.H., *Naturalne leczenie wzroku bez okularów*, Katowice 2011.
Bettger F., *Jak umiejętnie sprzedawać i zwielokrotnić dochody*, Warszawa 1995.
Blanchard K., Johnson S., *Jednominutowy menedżer*, Konstancin-Jeziorna 1995.
Blanchard K., O'Connor M., *Zarządzanie poprzez wartości*, Warszawa 1998.
Bogacka A.W., *Zdrowie na talerzu*, Białystok 2008.
Bollier D., *Mierzyć wyżej. Historie 25 firm, które osiąg-

nęły sukces, łącząc skuteczne zarządzanie z realizacją misji społecznych, Warszawa 1999.
Bond W.J., *199 sytuacji, w których tracimy czas, i jak ich uniknąć*, Gdańsk 1995.
Bono E. de, *Dziecko w szkole kreatywnego myślenia*, Gliwice 2010.
Bono E. de, *Sześć kapeluszy myślowych*, Gliwice 2007.
Bono E. de, *Sześć ram myślowych*, Gliwice 2009.
Bono E. de, *Wodna logika. Wypłyń na szerokie wody kreatywności*, Gliwice 2011.
Bossidy L., Charan R., *Realizacja. Zasady wprowadzania planów w życie*, Warszawa 2003.
Branden N., *Sześć filarów poczucia własnej wartości*, Łódź 2010.
Branson R., *Zaryzykuj – zrób to! Lekcje życia*, Warszawa-Wesoła 2012.
Brothers J., Eagan E, *Pamięć doskonała w 10 dni*, Warszawa 2000.
Buckingham M., *To jedno, co powinieneś wiedzieć... o świetnym zarządzaniu, wybitnym przywództwie i trwałym sukcesie osobistym*, Warszawa 2006.
Buckingham M., *Wykorzystaj swoje silne strony. Użyj dźwigni swojego talentu*, Waszawa 2010
Buckingham M., Clifton D.O., *Teraz odkryj swoje silne strony*, Warszawa 2003.

Butler E., Pirie M., *Jak podwyższyć swój iloraz inteligencji?*, Gdańsk 1995.

Buzan T., *Mapy myśli*, Łódź 2008.

Buzan T., *Pamięć na zawołanie*, Łódź 1999.

Buzan T., *Podręcznik szybkiego czytania*, Łódź 2003.

Buzan T., *Potęga umysłu. Jak zyskać sprawność fizyczną i umysłową: związek umysłu i ciała*, Warszawa 2003.

Buzan T., Dottino T., Israel R., *Zwykli ludzie – liderzy. Jak maksymalnie wykorzystać kreatywność pracowników*, Warszawa 2008.

Carnegie D., *I ty możesz być liderem*, Warszawa 1995.

Carnegie D., *Jak przestać się martwić i zacząć żyć*, Warszawa 2011.

Carnegie D., *Jak zdobyć przyjaciół i zjednać sobie ludzi*, Warszawa 2011.

Carnegie D., *Po szczeblach słowa. Jak stać się doskonałym mówcą i rozmówcą*, Warszawa 2009.

Carnegie D., Crom M., Crom J.O., *Szkoła biznesu. O pozyskiwaniu klientów na zawsze*, Waszrszawa 2003

Cialdini R., *Wywieranie wpływu na ludzi*, Gdańsk 1998.

Clegg B., *Przyspieszony kurs rozwoju osobistego*, Warszawa 2002.

Cofer C.N., Appley M.H., *Motywacja: teoria i badania*, Warszawa 1972.

Cohen H., *Wszystko możesz wynegocjować. Jak osiągnąć to, co chcesz*, Warszawa 1997. r Covey S.R., 3. rozwiązanie, Poznań 2012.

Covey S.R., *7 nawyków skutecznego działania*, Poznań 2007.

Covey S.R., *8. nawyk*, Poznań 2006.

Covey S.R., Merrill A.R., Merrill R.R., *Najpierw rzeczy najważniejsze*, Warszawa 2007.

Craig M., *50 najlepszych (i najgorszych) interesów w historii biznesu*, Warszawa 2002.

Csikszentmihalyi M., *Przepływ: psychologia optymalnego doświadczenia*, Wrocław 2005

Davis R.C., Lindsmith B., *Ludzie renesansu: umysły, które ukształtowały erę nowożytną*, Poznań 2012

Davis R.D., Braun E.M., *Dar dysleksji. Dlaczego niektórzy zdolni ludzie nie umieją czytać i jak mogą się nauczyć*, Poznań 2001.

Dearlove D., *Biznes w stylu Richarda Bransona. 10 tajemnic twórcy megamarki*, Gdańsk 2009.

DeVos D., *Podstawy wolności. Wartości decydujące o sukcesie jednostek i społeczeństw*, Konstancin-Jeziorna 1998.

DeVos R.M., Conn Ch.P., *Uwierz! Credo człowieka czynu, współzałożyciela Amway Corporation, hołdującego zasadom, które uczyniły Amerykę wielką*, Warszawa 1994.

Dixit A.K., Nalebuff B.J., *Myślenie strategiczne. Jak zapewnić sobie przewagę w biznesie, polityce i życiu prywatnym*, Gliwice 2009.

Dixit A.K., Nalebuff B.J., *Sztuka strategii. Teoria gier w biznesie i życiu prywatnym*, Warszawa 2009.

Dobson J., *Jak budować poczucie wartości w swoim dziecku*, Lublin 1993.

Doskonalenie strategii (seria *Harvard Bussines Review*), praca zbiorowa, Gliwice 2006.

Dryden G., Vos J., *Rewolucja w uczeniu*, Poznań 2000.

Dyer W.W., *Kieruj swoim życiem*, Warszawa 2012.

Dyer W.W., *Pokochaj siebie*, Warszawa 2008.

Edelman R.C., Hiltabiddle T.R., Manz Ch.C., *Syndrom miłego człowieka*, Gliwice 2010.

Eichelberger W., Forthomme P., Nail F., *Quest. Twoja droga do sukcesu. Nie ma prostych recept na sukces, ale są recepty skuteczne*, Warszawa 2008.

Enkelmann N.B., *Biznes i motywacja*, Łódź 1997.

Eysenck H. i M., *Podpatrywanie umysłu. Dlaczego ludzie zachowują się tak, jak się zachowują?*, Gdańsk 1996.

Ferriss T., *4-godzinny tydzień pracy. Nie bądź płatnym niewolnikiem od 7.00 do 17.00*, Warszawa 2009.

Flexner J.T., Waschington. *Człowiek niezastąpiony*, Warszawa 1990.

Forward S., Frazier D., *Szantaż emocjonalny: jak obronić się przed manipulacją i wykorzystaniem*, Gdańsk 2011.

Frankl V.E., *Człowiek w poszukiwaniu sensu*, Warszawa 2009.

Fraser J.F., *Jak Ameryka pracuje*, Przemyśl 1910.

Freud Z., *Wstęp do psychoanalizy*, Warszawa 1994.

Fromm E., *Mieć czy być*, Poznań 2009.

Fromm E., *Niech się stanie człowiek. Z psychologii etyki*, Warszawa 2005.

Fromm E., *O sztuce miłości*, Poznań 2002.

Fromm E., *O sztuce słuchania. Terapeutyczne aspekty psychoanalizy*, Warszawa 2002.

Fromm E., *Serce człowieka. Jego niezwykła zdolność do dobra i zła*, Warszawa 2000.

Fromm E., *Ucieczka od wolności*, Warszawa 2001.

Fromm E., *Zerwać okowy iluzji*, Poznań 2000.

Galloway D., *Sztuka samodyscypliny*, Warszawa 1997.

Gardner H., *Inteligencje wielorakie – teoria w praktyce*, Poznań 2002.

Gawande A., *Potęga checklisty: jak opanować chaos i zyskać swobodę w działaniu*, Kraków 2012.

Gelb M.J., *Leonardo da Vinci odkodowany*, Poznań 2005.

Gelb M.J., Miller Caldicott S., *Myśleć jak Edison*, Poznań 2010.

Gelb M.J., *Myśleć jak geniusz*, Poznań 2004.

Gelb M.J., *Myśleć jak Leonardo da Vinci*, Poznań 2001.

Giblin L., *Umiejętność postępowania z innymi...*, Kraków 1993.

Girard J., Casemore R., *Pokonać drogę na szczyt*, Warszawa 1996.

Glass L., *Toksyczni ludzie*, Poznań 1998.

Godlewska M., *Jak pokonałam raka*, Białystok 2011.

Godwin M., *Kim jestem? 101 dróg do odkrycia siebie*, Warszawa 2001.

Goleman D., *Inteligencja emocjonalna*, Poznań 2002.

Gordon T., *Wychowywanie bez porażek szefów, liderów, przywódców*, Warszawa 1996.

Gorman T., *Droga do skutecznych działań. Motywacja*, Gliwice 2009.

Gorman T., *Droga do wzrostu zysków. Innowacja*, Gliwice 2009.

Greenberg H., Sweeney P., *Jak odnieść sukces i rozwinąć swój potencjał*, Warszawa 2007.

Habeler P., Steinbach K., *Celem jest szczyt*, Warszawa 2011.

Hamel G., Prahalad C.K., *Przewaga konkurencyjna jutra*, Warszawa 1999.

Hamlin S., *Jak mówić, żeby nas słuchali*, Poznań 2008.

Hill N., *Klucze do sukcesu*, Warszawa 1998.

Hill N., *Magiczna drabina do sukcesu*, Warszawa 2007.

Hill N., *Myśl!... i bogać się. Podręcznik człowieka interesu*, Warszawa 2012.

Hill N., *Początek wielkiej kariery*, Gliwice 2009.

Ingram D.B., Parks J.A., *Etyka dla żółtodziobów, czyli wszystko, co powinieneś wiedzieć o...*, Poznań 2003.

Jagiełło J., Zuziak W. [red.], *Człowiek wobec wartości*, Kraków 2006.

James W., *Pragmatyzm*, Warszawa 2009.

Jamruszkiewicz J., *Kurs szybkiego czytania*, Chorzów 2002.

Johnson S., *Tak czy nie. Jak podejmować dobre decyzje*, Konstancin-Jeziorna 1995.

Jones Ch., *Życie jest fascynujące*, Konstancin-Jeziorna 1993.

Kanter R.M., *Wiara w siebie. Jak zaczynają się i kończą dobre i złe passy*, Warszawa 2006.

Keller H., *Historia mojego życia*, Warszawa 1978.

Kirschner J., *Zwycięstwo bez walki. Strategie przeciw agresji*, Gliwice 2008.

Koch R., *Zasada 80/20. Lepsze efekty mniejszym nakładem sił i środków*, Konstancin--Jeziorna 1998.

Kopmeyer M.R., *Praktyczne metody osiągania sukcesu*, Warszawa 1994.

Ksenofont, *Cyrus Wielki. Sztuka zwyciężania*, Warszawa 2008.

Kuba A., Hausman J., *Dzieje samochodu*, Warszawa 1973.

Kumaniecki K., *Historia kultury starożytnej Grecji i Rzymu*, Warszawa 1964.

Lamont G., *Jak podnieść pewność siebie*, Łódź 2008.

Leigh A., Maynard M., *Lider doskonały*, Poznań 1999.

Littauer F., *Osobowość plus*, Warszawa 2007.

Loreau D., *Sztuka prostoty*, Warszawa 2009.
Lott L., Intner R., Mendenhall B., *Autoterapia dla każdego. Spróbuj w osiem tygodni zmienić swoje życie*, Warszawa 2006.
Maige Ch., Muller J.-L., *Walka z czasem. Atut strategiczny przedsiębiorstwa*, Warszawa 1995.
Mansfield P., *Jak być asertywnym*, Poznań 1994.
Martin R., *Niepokorny umysł. Poznaj klucz do myślenia zintegrowanego*, Gliwice 2009.
Maslow A., *Motywacja i osobowość*, Warszawa 2009.
Matusewicz Cz., *Wprowadzenie do psychologii*, Warszawa 2011.
Maxwell J.C., *21 cech skutecznego lidera*, Warszawa 2012.
Maxwell J.C., *Tworzyć liderów, czyli jak wprowadzać innych na drogę sukcesu*, Konstancin-Jeziorna 1997.
Maxwell J.C., *Wszyscy się komunikują, niewielu potrafi się porozumieć*, Warszawa 2011.
McCormack M.H., *O zarządzaniu*, Warszawa 1998.
McElroy K., *Jak inwestować w nieruchomości. Znajdź ukryte zyski, których większość inwestorów nie dostrzega*, Osielsko 2008.
McGee P., *Pewność siebie. Jak mała zmiana może zrobić wielką różnicę*, Gliwice 2011.
McGrath H., Edwards H., *Trudne osobowości. Jak radzić sobie ze szkodliwymi zachowaniami innych oraz własnymi*, Poznań 2010.

Mellody P., Miller A.W., Miller J.K., *Toksyczna miłość i jak się z niej wyzwolić*, Warszawa 2013.

Melody B., *Koniec współuzależnienia*, Poznań 2002.

Miller M., *Style myślenia*, Poznań 2000.

Mingotaud F., *Sprawny kierownik. Techniki osiągania sukcesów*, Warszawa 1994.

MJ DeMarco, *Fastlane milionera*, Katowice 2012.

Morgenstern J., *Jak być doskonale zorganizowanym*, Warszawa 2000.

Nay W.R., *Związek bez gniewu. Jak przerwać błędne koło kłótni, dąsów i cichych dni*, Warszawa 2011.

Nierenberg G.I., *Ekspert. Czy nim jesteś?*, Warszawa 2001.

Ogger G., *Geniusze i spekulanci, Jak rodził się kapitalizm*, Warszawa 1993.

Osho, *Księga zrozumienia. Własna droga do wolności*, Warszawa 2009.

Parkinson C.N., *Prawo pani Parkinson*, Warszawa 1970.

Peale N.V., *Entuzjazm zmienia wszystko. Jak stać się zwycięzcą*, Warszawa 1996.

Peale N.V., *Możesz, jeśli myślisz, że możesz*, Warszawa 2005.

Peale N.V., *Rozbudź w sobie twórczy potencjał*, Warszawa 1997.

Peale N.V., *Uwierz i zwyciężaj. Jak zaufać swoim myślom i poczuć pewność siebie*, Warszawa 1999.

Pietrasiński Z., *Psychologia sprawnego myślenia*, Warszawa 1959.

Pilikowski J., *Podróż w świat etyki*, Kraków 2010.

Pink D.H., *Drive*, Warszawa 2011.

Pirożyński M., *Kształcenie charakteru*, Poznań 1999.

Pismo Święte Starego i Nowego Testamentu. Biblia Tysiąclecia, Warszawa 2002.

Pismo Święte w Przekładzie Nowego Świata, 1997.

Popielski K., *Psychologia egzystencji. Wartości w życiu*, Lublin 2009.

Poznaj swoją osobowość, Bielsko-Biała 1996.

Przemieniecki J., *Psychologia jednostki. Odkoduj szyfr do swego umysłu*, Warszawa 2008.

Pszczołowski T., *Umiejętność przekonywania i dyskusji*, Gdańsk 1998.

Reiman T., *Potęga perswazyjnej komunikacji*, Gliwice 2011.

Robbins A., *Nasza moc bez granic. Skuteczna metoda osiągania życiowych sukcesów za pomocą NLP*, Konstancin-Jeziorna 2009.

Robbins A., *Obudź w sobie olbrzyma... i miej wpływ na całe swoje życie – od zaraz*, Poznań 2002.

Robbins A., *Olbrzymie kroki*, Warszawa 2001.

Robert M., *Nowe myślenie strategiczne: czyste i proste*, Warszawa 2006.

Robinson J.W., *Imperium wolności. Historia Amway Corporation*, Warszawa 1997.

Rose C., Nicholl M.J., *Ucz się szybciej, na miarę XXI wieku*, Warszawa 2003.

Rose N., *Winston Churchill. Życie pod prąd*, Warszawa 1996.

Rychter W., *Dzieje samochodu*, Warszawa 1962.

Ryżak Z., *Zarządzanie energią kluczem do sukcesu*, Warszawa 2008.

Savater F., *Etyka dla syna*, Warszawa 1996.

Schäfer B., *Droga do finansowej wolności. Pierwszy milion w ciągu siedmiu lat*, Warszawa 2011.

Schäfer B., *Zasady zwycięzców*, Warszawa 2007.

Scherman J.R., *Jak skończyć z odwlekaniem i działać skutecznie*, Warszawa 1995.

Schuller R.H., *Ciężkie czasy przemijają, bądź silny i przetrwaj je*, Warszawa 1996.

Schwalbe B., Schwalbe H., Zander E., *Rozwijanie osobowości. Jak zostać sprzedawcą doskonałym*, tom 2, Warszawa 1994.

Schwartz D.J., *Magia myślenia kategoriami sukcesu*, Konstancin-Jeziorna 1994.

Schwartz D.J., *Magia myślenia na wielką skalę. Jak zaprząc duszę i umysł do wielkich osiągnięć*, Warszawa 2008.

Scott S.K., *Notatnik milionera. Jak zwykli ludzie mogą osiągać niezwykłe sukcesy*, Warszawa 1997.

Sedlak K. [red.], *Jak poszukiwać i zjednywać najlepszych pracowników*, Kraków 1995.

Seiwert L.J., *Jak organizować czas*, Warszawa 1998.

Seligman M.E.P., *Co możesz zmienić, a czego nie możesz*, Poznań 1995.

Seligman M.E.P., *Pełnia życia*, Poznań 2011.

Seneka, *Myśli*, Kraków 1989.

Sewell C., Brown P.B., *Klient na całe życie, czyli jak przypadkowego klienta zmienić w wiernego entuzjastę naszych usług*, Warszawa 1992.

Słownik pisarzy antycznych, Warszawa 1982.

Smith A., *Umysł*, Warszawa 1989.

Spector R., *Amazon.com. Historia przedsiębiorstwa, które stworzyło nowy model biznesu*, Warszawa 2000.

Spence G., *Jak skutecznie przekonywać... wszędzie i każdego dnia*, Poznań 2001.

Sprenger R.K., *Zaufanie # 1*, Warszawa 2011.

Staff L., *Michał Anioł*, Warszawa 1990.

Stone D.C., *Podążaj za swymi marzeniami*, Konstancin-Jeziorna 1998.

Swiet J., *Kolumb*, Warszawa 1979.

Szurawski M., *Pamięć. Trening interaktywny*, Łódź 2004.

Szyszkowska M., *W poszukiwaniu sensu życia*, Warszawa 1997.

Tatarkiewicz W., *O szczęściu*, Warszawa 1979.

Tavris C., Aronson E., *Błądzą wszyscy (ale nie ja)*, Sopot--Warszawa 2008.

Tracy B., *Milionerzy z wyboru. 21 tajemnic sukcesu*, Warszawa 2002.

Tracy B., *Plan lotu. Prawdziwy sekret sukcesu*, Warszawa 2008.

Tracy B., Scheelen F.M., *Osobowość lidera*, Warszawa 2001.

Tracy B., *Sztuka zatrudniania najlepszych. 21 praktycznych i sprawdzonych technik do wykorzystania od zaraz*, Warszawa 2006.

Tracy B., *Turbostrategia. 21 skutecznych sposobów na przekształcenie firmy i szybkie zwiększenie zysków*, Warszawa 2004.

Tracy B., *Zarabiaj więcej i awansuj szybciej. 21 sposobów na przyspieszenie kariery*, Warszawa 2007.

Tracy B., *Zarządzanie czasem*, Warszawa 2008.

Tracy B., *Zjedz tę żabę. 21 metod podnoszenia wydajności w pracy i zwalczania skłonności do zwlekania*, Warszawa 2005.

Twentier J.D., *Sztuka chwalenia ludzi*, Warszawa 1998.

Urban H., *Moc pozytywnych słów*, Warszawa 2012.

Ury W., *Odchodząc od nie. Negocjowanie od konfrontacji do kooperacji*, Warszawa 2000.

Vitale J., Klucz do sekretu. *Przyciągnij do siebie wszystko, czego pragniesz*, Gliwice 2009.

Waitley D., *Być najlepszym*, Warszawa 1998.

Waitley D., *Imperium umysłu*, Konstancin-Jeziorna 1997.

Waitley D., *Podwójne zwycięstwo*, Warszawa 1996.
Waitley D., *Sukces zależy od właściwego momentu*, Warszawa 1997.
Waitley D., Tucker R.B., *Gra o sukces. Jak zwyciężać w twórczej rywalizacji*, Warszawa 1996.
Walton S., Huey J., *Sam Walton. Made in America*, Warszawa 1994.
Waterhouse J., Minors D., Waterhouse M., *Twój zegar biologiczny. Jak żyć z nim w zgodzie*, Warszawa 1993.
Wegscheider-Cruse S., *Poczucie własnej wartości. Jak pokochać siebie*, Gdańsk 2007.
Wilson P., *Idealna równowaga. Jak znaleźć czas i sposób na pełnię życia*, Warszawa 2010.
Ziglar Z., *Do zobaczenia na szczycie*, Warszawa 1995.
Ziglar Z., *Droga na szczyt*, Konstancin-Jeziorna 1995.
Ziglar Z., *Ponad szczytem*, Warszawa 1995.

O autorze

Andrzej Moszczyński od 30 lat aktywnie zajmuje się działalnością biznesową. Jego główną kompetencją jest tworzenie skutecznych strategii dla konkretnych obszarów biznesu.

W latach 90. zdobywał doświadczenie w branży reklamowej – był prezesem i założycielem dwóch spółek z o.o. Zatrudniał w nich ponad 40 osób. Spółki te były liderami w swoich branżach, głównie w reklamie zewnętrznej – tranzytowej (reklamy na tramwajach, autobusach i samochodach). W 2001 r. przejęciem pakietów kontrolnych w tych spółkach zainteresowały się dwie firmy: amerykańska spółka giełdowa działająca w ponad 30 krajach, skupiająca się na reklamie radiowej i reklamie zewnętrznej oraz największy w Europie fundusz inwestycyjny. W 2003 r. Andrzej sprzedał udziały w tych spółkach inwestorom strategicznym.

W latach 2005-2015 był prezesem i założycielem spółki, która zajmowała się kompleksową komercjalizacją liderów rynku deweloperskiego (firma w sumie sprzedała ponad 1000 mieszkań oraz 350 apartamentów hotelowych w systemie condo).

W latach 2009-2018 był akcjonariuszem strategicznym oraz przewodniczącym rady nadzorczej fabryki urządzeń okrętowych Expom SA. Spółka ta zasięgiem działania obejmuje cały świat, dostarczając urządzenia (w tym dźwigi i żurawie) dla branży morskiej. W 2018 r. sprzedał pakiet swoich akcji inwestorowi branżowemu.

W 2014 r. utworzył w USA spółkę LLC, która działa w branży wydawniczej. W ciągu 14 lat (poczynając od 2005 r.) napisał w sumie 22 kieszonkowe poradniki z dziedziny rozwoju kompetencji miękkich – obszaru, który ma między innymi znaczenie strategiczne dla budowania wartości niematerialnych i prawnych przedsiębiorstw. Poradniki napisane przez Andrzeja koncentrują się na przekazaniu wiedzy o wartościach i rozwoju osobowości – czynnikach odpowiedzialnych za prowadzenie dobrego życia, bycie spełnionym i szczęśliwym.

Andrzej zdobywał wiedzę z dziedziny budowania wartości firm oraz tworzenia skutecznych strategii przy udziale następujących instytucji: Ernst & Young, Gallup Institute, PricewaterhauseCoopers (PwC) oraz Harward Business Review. Jego kompetencje można przyrównać do pracy **stroiciela instrumentu.**

Kiedy miał 7 lat, mama zabrała go do szkoły muzycznej, aby sprawdzić, czy ma talent. Przeszedł test pozytywnie – okazało się, że może rozpocząć edukację muzyczną. Z różnych powodów to nie nastąpiło. Często jednak w jego książkach czy wykładach można usłyszeć bądź przeczytać przykłady związane ze światem muzyki.

Dlaczego można przyrównać jego kompetencje do pracy stroiciela na przykład fortepianu? Stroiciel udoskonala fortepian, aby jego dźwięk był idealny. Każdy fortepian ma swój określony potencjał mierzony jakością dźwięku – dźwięku, który urzeka i wprowadza ludzi w stan relaksu, a może nawet pozytywnego ukojenia. Podobnie jak stroiciel Andrzej udoskonala różne procesy – szczególnie te, które dotyczą relacji z innymi ludźmi. Wierzy, że ludzie posiadają mechanizm psychologiczny, który można symbolicznie przyrównać do **mentalnego żyroskopu** czy **mentalnego noktowizora**. Rola Andrzeja polega na naprawieniu bądź wprowadzeniu w ruch tych „urządzeń".

Żyroskop jest urządzeniem, które niezależnie od komplikacji pokazuje określony kierunek. Tego typu urządzenie wykorzystywane jest na statkach i w samolotach. Andrzej jest przekonany, że rozwijanie **koncentracji i wyobraźni** prowadzi do włączenia naszego mentalnego żyroskopu. Dzięki temu możemy między innymi znajdować skuteczne rozwiązania skomplikowanych wyzwań.

Noktowizor to wyjątkowe urządzenie, które umożliwia widzenie w ciemności. Jest wykorzystywane przez wojsko, służby wywiadowcze czy myśliwych. Życie Andrzeja ukierunkowane jest na badanie tematu źródeł wewnętrznej motywacji – siły skłaniającej do działania, do przejawiania inicjatywy, do podejmowania wyzwań, do wchodzenia w obszary zupełnie nieznane. Andrzej ma przekonanie, że rozwijanie **poczucia własnej wartości** prowadzi do włączenia naszego mentalnego noktowizora. Bez optymalnego poczucia własnej wartości życie jest ciężarem.

W swojej pracy Andrzej koncentruje się na procesach podnoszących jakość następujących obszarów: właściwe interpretowanie zdarzeń, wyciąganie wniosków z analizy porażek oraz sukcesów, formułowanie właściwych pytań, a także korzystanie z wyobraźni w taki sposób, aby przewidywać swoją przyszłość, co łączy się bezpośrednio z umiejętnością strategicznego myślenia. Umiejętności te pomagają rozumieć mechanizmy wywierania wpływu przez inne osoby i umożliwiają niepoddawanie się wszechobecnej indoktrynacji. Kiedy mentalny noktowizor działa poprawnie, przekazuje w odpowiednim czasie sygnały ostrzegające, że ktoś posługuje się manipulacją, aby osiągnąć swoje cele.

Andrzej posiada również doświadczenie jako prelegent, co związane jest z jego zaangażowaniem w działania społeczne. W ostatnich 30 latach był zapraszany do udziału w różnych szkoleniach i seminariach, zgromadzeniach czy kongresach – w sumie jako mówca wystąpił ponad 700 razy. Jego przemówienia i wykłady znane są z inspirujących przykładów i zachęcających pytań, które mobilizują słuchaczy do działania.

Opinie o książce

Małe dziecko przychodzi na świat bez instrukcji obsługi, o czym boleśnie przekonują się kolejne pokolenia młodych rodziców. A jednak mimo tej pozornej przeszkody ludzkość była i jest w stanie poradzić sobie z tym wyzwaniem. Jak? Młodzi rodzice szybko uczą się – głównie metodą prób i błędów – jak zaspokajać potrzeby swojego dziecka. Rodzicielstwo to ciekawa mieszanka zaufania do własnej intuicji, pomocy bliskich i odwołania do wiedzy ekspertów. To nie stały zestaw umiejętności, które ujawniają się w chwili narodzin dziecka, lecz raczej proces nabywania nowych umiejętności dostosowanych do potrzeb i rozwoju własnych pociech.

Nie inaczej jest w przypadku rozpoznania swoich talentów i wykorzystania ich w codziennym życiu. Nie są to zdolności, jakie nabywa się po przeczytaniu jednej książki lub uczestniczeniu w weekendowych warsztatach, lecz raczej droga, na którą się wchodzi świadomie i którą podąża przez resztę życia. Wybierając się w podróż, zwykle pakujemy ze sobą przewodnik i mapę, dlatego też podczas podróży do własnego wnętrza także warto sięgnąć po jakiś przewodnik. Seria książek autorstwa Andrzeja Moszczyńskiego jest właśnie takim przewodnikiem, zawierającym cenne podpowiedzi oraz techniki odkrywania i wykorzystywania swoich talentów. Autor nie stawia się w pozycji eksperta wiedzącego lepiej, co jest dla nas dobre, lecz raczej doradcy odwołującego się szeroko do filozofii, literatury, współczesnych technik doskonalenia osobowości i własnych doświadczeń. Zdecydowanymi mocnymi stronami tej serii są przykłady z życia ilustrujące prezentowane zagadnienia oraz bogata bibliografia służąca jako punkt do dalszych poszukiwań dla wszystkich zainteresowanych doskonaleniem osobowości. Uważam, że seria ta będzie pomocna dla każdego zainteresowanego świadomym życiem i rozwojem osobistym.

Ania Bogacka
Editorial Consultant and Life Coach

* * *

Na rynku książek wybór poradników jest ogromny, ale wśród tego ogromu istnieją jasne punkty, w oparciu o które można kierować swoim życiem tak, by osiągnąć spełnienie. Samorealizacja jest osiągana poprzez mądrość i świadomość. To samo sprawia, że książki Andrzeja Moszczyńskiego są tak użyteczne i podnoszące na duchu. Dzielenie się mądrością w formie przykładów wielu historycznych postaci oświetla drogę w tej kluczowej podróży. Każda z książek Andrzeja jest kompletna sama w sobie, jednak wszystkie razem stanowią zestaw narzędzi, przy pomocy których każdy z nas może ulepszyć umysł i serce, aby ostatecznie przyjąć proaktywną i współczującą postawę wobec życia. Jako osoba, która badała i edytowała wiele tekstów z filozofii i duchowości, mogę z entuzjazmem polecić tę książkę.

Lawrence E. Payne

Dodatek

Cytaty, które pomagały autorowi napisać tę książkę

Na temat rozwoju

Przeznaczeniem człowieka jest jego charakter.

Heraklit z Efezu

Osobowość kształtuje się nie poprzez piękne słowa, lecz pracą i własnym wysiłkiem.

Albert Einstein

Na temat nastawienia do życia

Jeśli jesteś nieszczęśliwy, to dlatego, że cały czas myślisz raczej o tym, czego nie masz, zamiast koncentrować się na tym, co masz w danej chwili.

Anthony de Mello

W końcu, bracia, wszystko, co jest prawdziwe, co godne, co sprawiedliwe, co czyste, co miłe, co zasługuje na uznanie: jeśli jest jakąś cnotą i czynem chwalebnym – to miejcie na myśli.

List do Filipian 4:8

Na temat szczęścia

Ludzie są na tyle szczęśliwi, na ile sobie pozwolą nimi być.

Abraham Lincoln

Więcej szczęścia jest w dawaniu aniżeli w braniu.

Dz 20:35

Na temat poczucia własnej wartości

Bez Twojego pozwolenia nikt nie może sprawić, że poczujesz się gorszy.

Eleanor Roosevelt

Na temat możliwości człowieka

Nie ma rzeczy niemożliwych, są tylko te trudniejsze do wykonania.

Henry Ford

Gdybyśmy robili wszystkie rzeczy, które jesteśmy w stanie zrobić, wprawilibyśmy się w ogromne zdumienie.

Thomas Edison

Na temat poznawania siebie

Najpierw sami tworzymy własne nawyki, potem nawyki tworzą nas.

John Dryden

Na temat wiary w siebie

Człowiek, który zyska i zachowa władzę nad sobą, dokona rzeczy największych i najtrudniejszych.

Johann Wolfgang von Goethe

Ludzie potrafią, gdy sądzą, że potrafią.

Wergiliusz

Na temat wnikliwości

Prawdę należy mówić tylko temu, kto chce jej słuchać.

Seneka Starszy

Język mądrych jest lekarstwem.

Księga Przysłów 12:18

Na temat wytrwałości

Nic na świecie nie zastąpi wytrwałości. Nie zastąpi jej talent – nie ma nic powszechniejszego niż ludzie utalentowani, którzy nie odnoszą sukcesów. Nie uczyni niczego sam geniusz – nienagradzany geniusz to już prawie przysłowie. Nie uczyni niczego też samo wykształcenie – świat jest pełen ludzi wykształconych, o których zapomniano. Tylko wytrwałość i determinacja są wszechmocne.

John Calvin Coolidge

Możemy zrealizować każde zamierzenie, jeśli potrafimy trwać w nim wystarczająco długo.

Helen Keller

Tak samo, jak pojedynczy krok nie tworzy ścieżki na ziemi, tak pojedyncza myśl nie stworzy ścieżki w Twoim umyśle. Prawdziwa ścieżka powstaje, gdy chodzimy po niej wielokrotnie. Aby stworzyć głęboką ścieżkę mentalną, potrzebne jest wielokrotne powtarzanie myśli, które mają zdominować nasze życie.

Napoleon Bonaparte

Na temat entuzjazmu

Tylko przykład jest zaraźliwy.

       Lope de Vega

Na temat odwagi

Życie albo jest śmiałą przygodą, albo nie jest życiem. Nie lękać się zmian, a w obliczu kapryśności losu zachowywać hart ducha – oto siła nie do pokonania.

       Helen Keller

Silny jest ten, kto potrafi przezwyciężyć swe szkodliwe przyzwyczajenia.

       Benjamin Franklin

Życie jest przygodą dla odważnych albo niczym.

       Helen Keller

Na temat realizmu

Kto z was, chcąc zbudować wieżę, nie usiądzie wpierw i nie obliczy wydatków, czy ma na jej wykończenie.

Ew. Łukasza 14:28

Pesymista szuka przeciwności w każdej okazji, optymista widzi okazje w każdej przeciwności.

Winston Churchill

Dajcie mi odpowiednio długą dźwignię i wystarczająco mocną podporę, a sam poruszę cały glob.

Archimedes

OFERTA WYDAWNICZA
Andrew Moszczynski Group sp. z o.o.

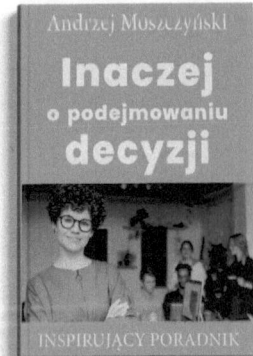

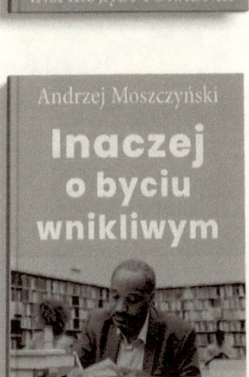

www.ingramcontent.com/pod-product-compliance
Lightning Source LLC
LaVergne TN
LVHW041624070526
838199LV00052B/3239